Sieglinde Holl

Kunterbuntes OSTERTREIBEN

Naturgetreue Fenstergestaltungen aus Tonkarton

frechverlag

Weitere Bücher von Sieglinde Holl in dieser Reihe – Tiere in ihrer natürlichen Umgebung:

TOPP 1871

TOPP 1946

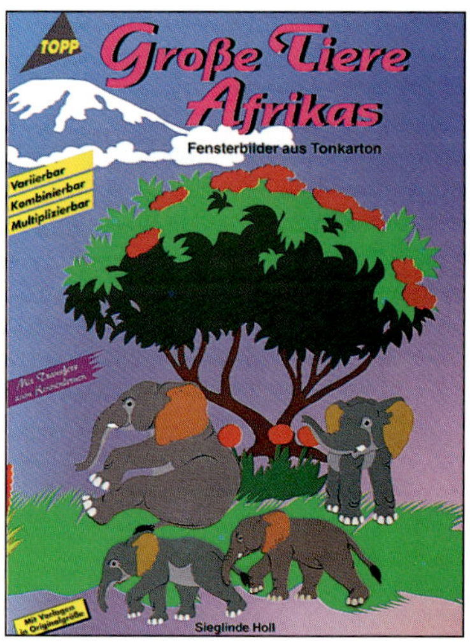

TOPP 2001

TOPP 1887

Zeichnungen: Richard Knecht

Fotos: frechverlag GmbH + Co. Druck KG, 70499 Stuttgart; Ullrich & Co., Renningen;

Auflage: 5. 4. 3. 2. 1. | Letzte Zahlen
Jahr: 2000 99 98 97 96 | maßgebend

frechverlag GmbH + Co. Druck KG, 70499 Stuttgart

ISBN 3-7724-2034-6 · Best.-Nr. 2034

Druck: frechverlag GmbH + Co. Druck KG, 70499 Stuttgart

Ostern – endlich Frühling!

Die Blumen blühen, das Gras fängt an zu wachsen, und es gibt viele junge Hasen, Lämmer und Küken. Die ersten Schmetterlinge entpuppen sich, und die Hummeln fliegen wieder.

All diese Frühlingsboten finden Sie in diesem Buch. Im Mittelpunkt stehen die Hasen, neben den Lämmern die wichtigsten Ostersymbole des Tierreiches. Alle Tiere und Szenen sind wieder naturgetreu dargestellt und beliebig variierbar.
Die großformatigen Fotos möchten Ihnen Möglichkeiten zur Gestaltung zeigen, aber versuchen Sie es doch mit einer ganz persönlichen Frühlings-Fenstergestaltung.
Und wenn erst die große gelbe Tonkarton-Sonne an Ihrem Fenster lacht, wird auch die Sonne am Himmel nicht mehr lange auf sich warten lassen.

Viel Spaß wünscht
Ihnen Ihre
Sieglinde Holl

Material und Werkzeug

- *Tonkarton in verschiedenen Farben*
- *Tonpapier*
- *Dicker Karton oder Glasscheibe als Schneideunterlage*
- *Cutter oder Abbrechklingenmesser*
- *Silhouettenschere*
- *Bleistift*
- *Radiergummi*
- *Bürotacker*
- *Lineal*
- *Klebstoff*
- *Pauspapier*
- *Doppelseitiges Klebeband*
- *Filzstifte*

Das Übertragen der Vorlagen-zeichnungen

Übertragen Sie das Motiv mit Hilfe von Transparentpapier auf den Tonkarton oder das Tonpapier. Zeichnen Sie dazu die Linien vom Vorlagenbogen auf das Transparentpapier durch. Befestigen Sie nun das Papier auf dem Tonkarton. Dann werden die Linien mit einem Kugelschreiber nachgezogen, damit sie sich in den Karton drücken. Sie können aber auch eine Fotokopie vom Motiv machen und diese mit doppelseitigem Klebeband auf dem Tonkarton befestigen. Verwenden Sie zum Ausschneiden eine Schere oder einen Cutter. Achten Sie darauf, daß das Papier nicht verrutscht; halten Sie es mit einer Hand fest, während Sie mit der anderen schneiden. Bei dieser Methode sparen Sie sich das Übertragen der Linien auf den Tonkarton. Wenn Sie ein Motiv mehrmals verwenden wollen, empfiehlt es sich, davon eine Schablone zu machen. Dazu kopieren Sie das Motiv über Pauspapier auf Karton und schneiden die Konturen exakt nach. Anschließend übertragen Sie die Umrisse der Schablone auf den farbigen Tonkarton.

Die Technik

Mit einer Glasplatte als Unterlage können Sie die Motive mittels Cutter sehr sauber und randscharf ausschneiden. Wenn Sie einen festen Karton als Schneideunterlage verwenden, müssen Sie darauf achten, daß die Klinge nicht von einer alten Schneidespur abgelenkt wird. Wenn die Schnitte nicht mehr glatt werden, ist die Klinge stumpf und muß gewechselt werden.
Halten Sie den Cutter wie einen Füllfederhalter, und schneiden Sie locker und zügig. Für Rundungen ist eine Silhouetten- oder eine Nagelschere besonders geeignet.
Arbeiten Sie die Bilder doppelt, damit sie von beiden Seiten gleich schön ausschauen. Wenn Sie ein Motiv in einem Arbeitsgang zweifach fertigen wollen, verwenden Sie am besten Tonpapier. Es läßt sich leichter schneiden als der festere Tonkarton. Legen Sie beide Bögen übereinander und heften Sie sie zusammen, damit sie beim Schneiden nicht verrutschen.

Detaillierte Angaben zum Nacharbeiten einzelner Tiere finden Sie ab Seite 27.

Schritt-für-Schritt-Anleitung

Nehmen Sie mit Hilfe von Transparentpapier die Konturen der einzelnen Körperteile des Hasen vom Vorlagenbogen ab.

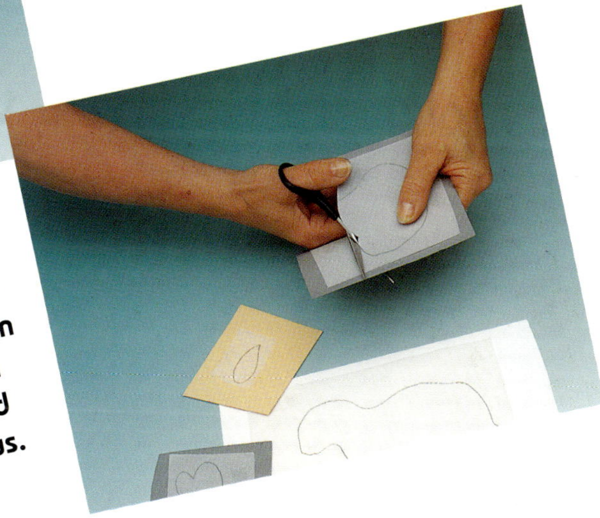

Kleben Sie das Transparentpapier mit dem abgepausten Körperteil auf den farblich passenden Tonkarton, und schneiden Sie die Teile aus.

Kleben Sie die ausgeschnittenen Einzelteile auf den Körper des Hasen.

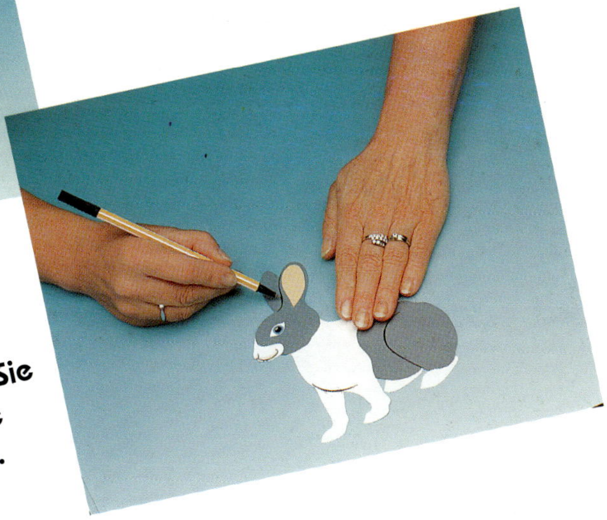

Mit Filzstift zeichnen Sie das Auge und die Körperfalten ein.

Blüten

- *Tonkarton, citronengelb, goldgelb intensiv, mango, elfenbein, hellrot, violett, flieder, lavendel, königsblau, tropicgrün, dunkelgrün, grasgrün, hellgrün*
- *PLUSTER-PEN, orange*
- *Filzstift, orange, schwarz, gelb, grün*
- *Klebstoff*

Übertragen Sie die Motive vom Vorlagenbogen auf den entsprechenden Tonkarton, und schneiden Sie die Teile aus. Die intensiv gelben Blütenköpfe (durchgezogene Linie) der Schlüsselblumen kleben Sie auf die Blütenstengel. Mit einem schwarzen Filzstift zeichnen Sie die Blütenstempel ein.
Beim Veilchen kleben Sie zuerst die Blütenblätter als Blüte aufeinander, bevor Sie diese auf dem Blätterteil (durchgezogene Linie) befestigen, die Blütenstempel malen Sie mit Filzstift wie folgt auf: einen gelben großen Punkt, dazu einen kleinen grünen Punkt, vom gelben Punkt aus schwarze Striche nach außen malen.
Bei den Osterglocken wird die dunklere Blütenglocke (punktierte Linie) auf die Blütenblätter geklebt und dann beides auf dem Blütenstengel plaziert.
Zeichnen Sie den Glockenrand und die Blütenstempel mit einem orangefarbenen Filzstift ein.
Die Tulpen bestehen aus Blättern mit Blütenstengeln, der gelben Grundform der Blüte und dem hellroten Blütenrand. Der Blütenstempel wird als Öffnung aus der gelben Blüte ausgeschnitten. Sie können ihn auch mit Filzstift aufzeichnen. Genauso ist es mit dem farbigen Rand der Blüte; wem es zu schwierig ist, ihn auszuschneiden, der malt einfach mit Filzstift den Rand auf.
Die Blütenteile der Krokusse sind in der Form gleich, nur die Blätterteile sind in der Form verschieden. Kleben Sie die dunkleren Außenblätter (durchgezogene Linien) auf den helleren Blütenteil. Malen Sie mit PLUSTER-PEN die Blütenstempel auf, bevor Sie die einzelnen Blüten und Knospen auf den Blätterteilen befestigen.
Es gibt einen größeren und einen kleineren Löwenzahnbusch. Beim kleineren Busch wird das Blätterteil getrennt (punktierte Linie) und nur zwei Blütenstengel mit Blüten verwendet. Hinter oder vor die Blätter die Blütenstengel kleben, darauf die Blüten, dahinter die Knospen anbringen.

Zaun

- *Tonkarton, dunkelbraun*
- *Klebstoff*

Der Zaun besteht aus längeren und kürzeren Zaunlatten, die Sie über Kreuz zusammenkleben, wie auf der Zeichnung zu sehen ist. Die gestrichelten Linien sind die Zaunlatten, die oben liegen, die durchgezogenen Linien die Zaunlatten, die darunter angebracht werden.

Korb und Hasenhöhle

- *Tonkarton, dunkelbraun, hellbraun, mittelgrau, chamois*

Schneiden Sie die Grundform des Korbes aus. Die gestrichelte Linie in Henkelhöhe einschneiden. Hier wird der Korbinhalt eingeschoben. Auf die Grundform kleben Sie den Flechtrand mit Henkel, den unteren Rand und den Mittelstreifen.
Die Hasenhöhle besteht aus vier Teilen. Verbinden Sie die dunkelbraune Rückseite (Strich-Dreipunkt-Linie) mit der mittelgrauen Vorderseite (gestrichelte Linie), indem Sie die hellbraune Öffnung

(durchgezogene Linie) auf beide Teile kleben. Auf die kleine Öffnung wird ein kleines hellbraunes Teil geklebt.

Lamm

- *Tonkarton, weiß, hellgrau, hellbraun*
- *Filzstift, schwarz, weiß*
- *Klebstoff*

Kleben Sie das weiße Fellteil (durchgezogene Linien), die Hufe und die Augen auf den hellgrauen Körper (gestrichelte Linien) der Lämmer. Bei dem stehenden Lamm können Sie ein viertes Bein von hinten dazukleben. Die Pupillen, die Nasen und die Maulöffnungen werden mit Filzstift aufgemalt.
Das Augenlicht weiß auftragen.

Schmetterling

- *Tonkarton, intensivgelb, schokobraun*
- *PLUSTER-PEN, schwarz*
- *Filzstift, rot*
- *Klebstoff*

Auf die Grundform (durchgezogene Linien) der Schmetterlinge werden die Körperteile geklebt.
Das Auge wird mit PLUSTER-PEN aufgemalt, nicht plustern. Die Körperzeichnung wird mit Filzstift aufgemalt.

Hummel

- *Tonkarton, schwarz, weiß, intensiv gelb, hellblau*
- *PLUSTER-PEN, schwarz*
- *Klebstoff*

Auf die Grundform der Hummel (durchgezogene Linie) werden die Körperstreifen und der Flügel geklebt, das Auge wird mit PLUSTER-PEN aufgemalt, nicht plustern.

Marienkäfer

- *Tonkarton, schwarz, hellrot*
- *PLUSTER-PEN, schwarz*
- *Filzstift, schwarz*

Auf die Grundform wird das Flügelteil geklebt, das Auge wird mit PLUSTER-PEN schwarz aufgemalt, nicht plustern. Die Punkte tragen Sie mit schwarzem Filzstift auf.

Hase, groß, weiß

- *Tonkarton, weiß, californiablau, dunkelgrau, apricose*
- *Filzstift, schwarz, weiß, rosa*
- *Klebstoff*

Kleben Sie auf den weißen Körper Ohren, Innenohren, Auge, Pfoten und Schwanz. Die Körperfalten, die Maulöffnung und die Augen werden mit Filzstift eingezeichnet.

Hase, groß, schwarz-weiß

- *Tonkarton, schwarz, weiß, aprikose, mittelbraun*
- *Filzstift, schwarz, weiß, aprikose*
- *Klebstoff*

Kleben Sie auf das weiße Körperteil (gestrichelte Linie) das schwarze Körperteil (durchgezogene Linie). Bringen Sie apricosefarbene Innenohren an.
Das Auge wird aus mittelbraunem Tonkarton geschnitten, die Pupille und die Maulöffnung werden mit Filzstift aufgemalt.
Das mittelbraune Auge kann auch mit Filzstift aufgemalt werden.

Hasen, groß, grau-weiß (zwei Ausführungen)

- *Tonkarton, weiß, apricose, mausgrau, californiablau*
- *Filzstift, schwarz, weiß, aprikose*
- *Klebstoff*

Kleben Sie auf das weiße Körperteil (durchgezogene Linie) den grauen Kopf und das Hinterteil (gestrichelte Linien). Das apricosefarbene Innenohr anbringen. Das Auge wird aus californiablauem Tonkarton geschnitten, und die Pupille, die Maulöffnung und die Körpermuster werden mit Filzstift aufgemalt.
Wer möchte, kann das Auge auch mit Filzstift aufmalen.

Hasen, mittelgroß, braun-weiß gefleckt

(drei Ausführungen)

- *Tonkarton, schokobraun, apricose, californiablau, weiß*
- *Filzstift, schwarz, weiß*
- *Klebstoff*

Kleben Sie auf den schokobraunen Körper (gestrichelte Linie) den weißen Körper mit den ausgeschnittenen Flecken (durchgezogene Linien). Die Ohren und das Auge werden von vorne aufgeklebt. Die Körperfalten, die Maulöffnung und die Augen werden mit Filzstift eingezeichnet.

Hase, klein, braun

(fünf Ausführungen)

- *Tonkarton, rehbraun, apricose, hellgrau, hellbraun*
- *Filzstift, schwarz, weiß, rot*
- *Klebstoff*

Kleben Sie auf den hellgrauen Bauch (gestrichelte Linie) den rehbraunen Körper (durchgezogene Linie). Die Ohren, die Pfoten und der Schwanz werden plaziert. Die Innenohren und die Augen von vorne anbringen.
Die Maulöffnung und die Augen sind mit Filzstift eingezeichnet.

Hase, klein, schwarz-weiß gefleckt

(zwei Ausführungen)

- *Tonkarton, schwarz, weiß, grau, aprikose, californiablau*
- *Filzstift, schwarz, weiß, aprikose*
- *Klebstoff*

Kleben Sie auf das schwarze Körperteil das weiße Körperteil mit den ausgeschnittenen Flecken. Befestigen Sie die Innenohren und das Auge von vorne. Das Auge wird aus californiablauem Tonkarton geschnitten, die Körperfalten, die Pupille und die Maulöffnung werden mit Filzstift aufgemalt.
Zur Arbeitserleichterung kann das Auge auch mit Filzstift aufgemalt werden.

Hasen, groß, braun

(vier Ausführungen)

- *Tonkarton, rehbraun, apricose, hellgrau, hellbraun*
- *Filzstift, schwarz, weiß*
- *Klebstoff*

Kleben Sie auf den hellgrauen Bauch (gestrichelte Linie) den rehbraunen Körper (durchgezogene Linie). Die Ohren, die Pfoten und der Schwanz werden von hinten angeklebt, die Innenohren und die Augen werden von vorne befestigt. Die Körperfalten, die Maulöffnung und die Augen werden mit Filzstift eingezeichnet.

Hase, groß, schwarz-weiß gefleckt

(zwei Ausführungen)

- *Tonkarton, schwarz, weiß, aprikose, californiablau*
- *Filzstift, schwarz, weiß, aprikose*
- *Klebstoff*

Kleben Sie auf das schwarze Körperteil (gestrichelte Linie) das weiße Körperteil mit den ausgeschnittenen Flecken (durchgezogene Linie). Kleben Sie die Innenohren und das Auge von vorne auf. Das Auge wird aus californiablauem Tonkarton geschnitten, die Körperlinien, die Pupille und die Maulöffnung werden mit Filzstift aufgemalt.

Hahn und Hennen

- *Tonkarton, hellbraun, rotbraun, rehbraun, mittelbraun, grün, schwarz, mango, rotbraun, weiß, orange, schweizerrot, chamois*
- *Filzstift, schwarz, weiß*
- *Klebstoff*

Kleben Sie auf den Grundkörper des Hahns (durchgezogene Linie) die grünen, weißen, rotbraunen und mittelbraunen Körperfedern. Dann folgen die orangefarbenen Kopffedern, der Kamm und der Kehllappen, der Schnabel und das Auge. Der Fuß wird mit dem mangofarbenen Fußteil hinterklebt. Das Auge und die Schnabelteilung werden mit Filzstift eingezeichnet.

Bei den Hennen kleben Sie auf den Grundkörper (durchgezogene Linie) die mittelbraunen Flügel (Strich-Punkt-Linien), die rehbraunen Kopffedern (gestrichelte Linie), den Kamm, den Kehllappen, den Schnabel und das Auge auf. Der Fuß wird mit einem mangofarbenen Fußteil hinterklebt. Auge und Schnabelteilung werden mit Filzstift aufgemalt.

Küken

- *Tonkarton, citronengelb, goldgelb, hellrot, rehbraun*
- *Filzstift, schwarz, weiß*
- *Klebstoff*

Bei den Küken wird von vorne aufgeklebt: Schnabel, Kamm, Flügel und Füße. Auge und Schnabelteilung werden mit Filzstift aufgemalt.

Eier

- *Tonkarton, weiß, dunkelblau, citronengelb, tropicgrün, orange, pink, hellrot*

Übertragen Sie die Eiform auf den entsprechenden Tonkarton, und schneiden Sie die Eier aus.

Blumenwiese und Grasteile

- *Tonkarton, weiß, californiablau, grasgrün, hellgrün*
- *PLUSTER-PEN, gelb*
- *Klebstoff*

Bevor Sie die Blüten aufkleben, malen Sie die Blütenstempel mit PLUSTER-PEN auf, ohne die Farbe aufzuplustern.
Bei der Blumenwiese ist das kleine Grasteil eingezeichnet.
Das Grasteil für den Korb wird in der Mitte eingeschnitten, damit zwischen das Gras die jeweilige Korbfüllung gesteckt werden kann.

Weidenkätzchen

- *Tonkarton, hellgrau, schokobraun, tropicgrün*
- *Klebstoff*

Kleben Sie auf den schokobraunen Zweig die Weidenkätzchen und die Blätter auf.

Haselzweig

- *Tonkarton, schokobraun, mango, hellgrün*
- *Klebstoff*

Übertragen Sie das Motiv vom Vorlagenbogen auf den entsprechenden Tonkarton, und schneiden Sie die Einzelteile aus. Kleben Sie die Blätter und die herabhängenden Kätzchen auf den schokobraunen Zweig.

Karotten

- *Tonkarton, orange, grasgrün*
- *Klebstoff*

Übertragen Sie die Karotte mit Kraut vom Vorlagenbogen auf den entsprechenden Tonkarton, und schneiden Sie beides dreimal aus.
Kleben Sie nur bei einer Karotte das Kraut an.

Vögel

- *Tonkarton, azurblau, weiß, citronengelb, dunkelbraun, mittelgrau, kieselgrau, hellbraun, schokobraun, schwarz*
- *Filzstift, schwarz, weiß*
- *Klebstoff*

Auf die Körperform der Spatzen kleben Sie beim Weibchen Kopffedern, Flügel, Schnabel und Auge auf.
Beim Männchen die schwarzen Kopffedern, den Schnabel, die schwarzen Flügelfedern, den schokobraunen Kopf, die Flügelfedern und das Auge von vorne befestigen. Der dunkelbraune Schwanz wird von hinten angeklebt.
Die Augen und die Schnabelöffnungen werden mit Filzstift eingezeichnet.
Bei den Meisen wird auf die azurblaue Körperform das Kopfmuster, das Auge, der Schnabel, der Bauch, die Rückenfedern, der Schwanz und das kleine weiße Flügelteil geklebt.
Die Füße werden an der Rückseite befestigt, das Auge wird mit Filzstift aufgemalt. Auf die mittelgraue Körperform der Bachstelze kleben Sie das weiße Federkleid, dann den schwarzen Kopf, die Brust und die Schwanzfedern.
Das Auge wird mit Filzstift aufgemalt.

Wolken

- *Tonkarton, weiß, aprikose, taubengrau*

Übertragen Sie die Wolken vom Vorlagenbogen auf den entsprechenden Tonkarton, und fertigen Sie Form 1 zweimal aus weißem, einmal aus aprikosefarbenem und einmal aus taubengrauem Tonkarton. Form 2 wird einmal aus weißem, einmal aus taubengrauem und zweimal aus weißem Tonkarton gefertigt. Sie können Form 1 und 2 beliebig miteinander kombinieren.

Sonne

- *Tonkarton, sonnengelb*
- *Klebstoff*

Übertragen Sie das Motiv vom Vorlagenbogen auf den sonnengelben Tonkarton, und schneiden Sie es aus.

Sieglinde Holl hat im frechverlag bereits zahlreiche Bücher zu unterschiedlichen Themen veröffentlicht. Hier eine Auswahl:

TOPP 1638

TOPP 1772

TOPP 1124

TOPP 1516

TOPP 1773

TOPP 1639

TOPP 1448

TOPP 1675

TOPP 1957